元・調理兵が教えてくれる

本格韓国料理
プデごはん

予約の取れない人気韓国料理店
西荻窪「Onggi」カンくん直伝

カン・グヌ

幻冬舎コミックス
GENTOSHA COMICS

はじめに

みなさん、はじめまして。カン・グヌです。東京の西荻窪で韓国料理店「Ｏｎｇｇｉ」をやっています。

僕は15年前に日本へやって来ました。いろいろな仕事で経験をつみ、今は試行錯誤しながら料理を作っています。素敵な街で、ステキなお客様と愉快な会話を楽しみに――

皆さんもご存知かと思いますが、韓国には徴兵制があります。僕が入隊年齢となった２００１年当時、その徴兵期間は2年２ヵ月。いま思い返してみても、辛く厳しい時間でした。そこで僕に与えられた仕事は【調理兵】。食べることは大好きだったけど、大学生になるまで包丁すらまともに握ったことがなかった僕がです。自分自身も気づいてなかったですがこれが僕の人生の分岐点だったんですね……その時の経験がきっかけとなり、日本での多くの〈出会い〉が生まれました。気候風土、食材、料理、言葉、人、街――それらの〈出会い〉すべてが、今の僕を作り上げてくれました。

２０２４年初夏。

「Ｏｎｇｇｉ」をスタートし、我武者羅に走り続けて8年になりました。今回のレシピ本は、その軌跡をまとめた一冊です。

「プデごはん」――

直訳すれば「部隊の食事」。本書の企画を提案してくれた編集者が付けてくれました。そうです、まさに僕の原点。料理人の出発点です。

まだまだ発展途上な僕ですが、現時点で最高だと思っているレシピを選びました。作って・食べて・楽しんでくれれば幸せです。

もくじ

韓国家庭料理 西荻窪『Onggi』

東京の大動脈・中央線沿線で大注目エリアとなっている「西荻窪」。
アンティークショップ、カフェ、個性的カルチャー、
そしてオシャレな料理屋さんなどが
ギュギュッと詰まった人気タウンで見つけた【小さな韓国】。。。

東京都杉並区西荻南 3-19-13 TEL 03-6883-3268
営業時間　17:00 ～ 24:00（LO 23:00）定休日 毎週火曜日
（不定休もあるため、来店時は予約もしくはお問い合わせください）

本書の使い方

・計量単位は、小さじ1が5㎖、大さじ1が15㎖としています。

・野菜や果物は、特に記載のないかぎり、水で洗う、皮を剝く、ヘタや種、筋を除くなどの作業を済ませてからの手順を表記しています。

・「適量」の表記につきまして、季節や体調、好みなどに合わせて少しずつ調整してください。

・韓国の調味料を使用するレシピもありますが、この機会に是非とも試していただければ嬉しいです。（代用可能なものについては、できる限り表記いたしました）

・ソースなどを保存する場合には、きちんと煮沸消毒をした容器をご使用ください。

・掲載の料理写真は、すべて調理例です。

chapter

1 料理人として――「すべては自然に左右される」

僕と日本との最初の出会いは音楽でした。日本の音楽シーンが大好きで、地元・釜山《ブサン》で音楽の学校を出た後に来日したのも当初は音楽を学ぶため。でも、ここで僕は日本の料理との衝撃的な出会いをしました。その食材が「大葉」でした。

日本では奈良時代に遡る歴史をもつ大葉ですが、韓国では同じシソ科の葉なら圧倒的にえごまが主役。来日したころは大葉の存在に戸惑ったものです。ところがある日、アルバイト先の料理店で山芋と一緒に串揚げになった大葉を食べ、そのおいしさにびっくり。爽やかな香り、ほのかな甘み、抜けるような辛み。まさに衝撃の味覚でした。

そこから一気に「食」に魅了されました。日韓の料理は、お米が主食であること、基本の調味料が塩と醤油であることなど似ている点がたくさんあります。一方で大葉とえごまのように異なる点もたくさんある。この差異はどこから来るのか。知れば知るほどワクワクして、気づけば奥深い料理の世界に飛び込んでいました。

それから15年――料理人としての僕の基本となった言葉に「すべては自然に左右される」があります。お隣どうしの日本と韓国ですが、地形や気候、土壌はそれぞれ違う。その土地の食材や調理法は、もとを辿ればそうした自然環境に由来しています。例えば大根や白菜でも、韓国のものは硬くて味が濃いし、日本のものは水分が多くやわらかくて甘みが強い。となれば下ごしらえの方法から変わってきます。だから、何か作るときは、まずは手元の食材を眺め、その日の気候、その場に吹く風に耳をすませてみる。すべては自然のままに。料理をおいしくさせる、一番の秘訣だと思うのです。

韓国で生まれ育った僕が、日本の風土に出会うことで、これまでにない料理が生まれました。Ｏｎｇｇｉ名物の「大葉のチヂミ」は、すっかり僕の大好物となった大葉を使った一品。チヂミというより天ぷらのようなサクサクした食感にも、新たな驚きがあるかもしれません。

まず最初は、そんなＯｎｇｇｉのスペシャリテたちを紹介します。

西荻
平和通り会
平和通り

メンバー募集
共 撰
銚子野菜連合会
JAちばみどり JA全農ちば

차조기전《チャジョギ・ジョン》

大葉のチヂミ

Onggiの原点、韓国の原点、僕の原点

材料（2人分）

大葉…20枚〜30枚
玉ネギ…1/8個（約20g）
むきエビ（冷凍）…2尾
チヂミ粉…大さじ4 1/2（40g）
※出汁（冷）…60mℓ（※p45参照）
サラダ油…適量
★にんにくの芽（醤油漬け）…適量

1 玉ネギはみじん切り、大葉は手でちぎる。

2 1とエビ、チヂミ粉、出汁をボウルに入れ、さっくりと混ぜる。

3 サラダ油をひいたフライパンを中火で熱し、2を丸く形を整えるように入れる。

4 表面に少しサラダ油をかけながら、生地の周囲に焼き目がついてきたら返す。（表裏を2、3回返し、全体に焼き目をつける）

5 にんにくの芽（醤油漬け）などを添えて、できあがり。

生地を焼くときは押さえつけず、空気を含ませるようにすると、冷めてからもおいしいですよ

★にんにくの芽ソース

・にんにくの芽…70g（6本くらい）
・醤油…大さじ2（35mℓ）
・酢…大さじ2 1/3（35mℓ）
・砂糖…大さじ2弱
・水…大さじ2 1/3（35mℓ）

1 根元の白い部分を切り落とし、にんにくの芽を4cmくらいに切る。

2 鍋に醤油、酢、砂糖、水を入れ、沸騰させる。

3 フタのできる耐熱容器に1を入れ、熱いままの2を注ぐ。

4 粗熱が取れたら冷蔵庫に入れ、二晩ほど寝かせれば、できあがり。

김치전《キンチ・ジョン》

キムチのチヂミ

ビールがすすむ、ピリッとオツな、おとなのオヤツ

材料（2人分）

※白菜キムチ（汁気を絞ったもの）…120g（※p31参照）
チヂミ粉…大さじ4 1/2（40g）
※出汁（冷）…50mℓ（※p45参照）
サラダ油…適量

1. 白菜キムチを2㎝くらいに切る。
2. キムチの汁をしっかりめに絞り、チヂミ粉、出汁と一緒にボウルに入れ、さっくりと混ぜる。
3. サラダ油をひいたフライパンを弱火で熱し、2を丸く形を整えるように入れる。
4. 表面に少しサラダ油をかけながら、生地の周囲に焼き目がついてきたら返す。（表裏を2、3回返し、全体に焼き目をつける）

KAN's point
焦げやすいので、弱火でじっくり焼いてね

ナスは、蒸す前に常温に戻しておくと色持ち、発色がいいですよ
KAN's point

유자고추 가지나물《ユジャゴチュ・ガジナムル》

ナスと柚子胡椒のナムル

日本で出会った調味料を韓国風にアレンジ

材料（2人分）

ナス…2個（約200g）
にんにく（すりおろし）…1片
柚子胡椒…小さじ1強（7g）
魚醤…小さじ1強（5㎖）
青ネギ…適量

1 ナスを縦半分にして、長さ5㎝に切り、さらに縦4等分にする。
2 1を5分ほど蒸し、冷ましておく。
3 ボウルに2、にんにく、柚子胡椒、魚醤を入れ、軽くもむ。
4 皿に盛り、小口切りの青ネギを散らす。

오쿠라 김치《クラ・キンチ》

オクラのキムチ

旬の野菜でプラス一品の簡単キムチ

材料（2人分）

オクラ…5本（50g）

塩…適量

※キムチヤンニョムソース…15g

（※p18参照）

❶オクラは軽く水洗いし、塩をまぶして板ずりする。

❷塩を洗い流し、ひと口大の斜め切り。

❸キムチヤンニョムソースであえれば、できあがり。

旬野菜の
フレッシュ感を
楽しんでください
KAN's point

죽순《ジュクスン・ポクムナムル》 볶음나물

タケノコ炒め

えごまの香りが堪らない、食卓の名脇役

材料　（2人分）

タケノコ（水煮）…300g
えごま（すりえごま）…大さじ2 1/3（25g）
淡口醤油…大さじ1 2/3（30㎖）
水…120㎖

❶タケノコは3㎜くらいの薄切りにする。
❷鍋に水（分量外）を張り、タケノコを入れ、沸騰させる。
❸お湯を切り、タケノコの汚れを洗う。
❹別の鍋に水、淡口醤油、えごま、タケノコを入れ、中火で沸かしながら、水気がなくなり、とろみがつけば、できあがり。

ドルギルム・マックッス

들기름막국수

蕎麦のえごま油あえ

韓国と日本、僕の好きなものを合わせました

材料（2人分）

蕎麦（乾麺）…200g
醤油…小さじ5（25㎖）
えごま油…大さじ2弱（30㎖）
白ゴマ（すりゴマ）…適量
白ゴマ…適量
青のり…適量

1. 蕎麦は表示時間通りに茹で、水洗いして、氷水でしめる。
2. ボウルで醤油、えごま油、白ゴマ（すりゴマ）をよく混ぜておく。
3. 水を切った麺を2に入れ、よくからめる。
4. 皿に盛り、白ゴマ、青のりをふる。

からめるタレは乳化するまでよく混ぜるのがポイント。青のりは「これでもか！」と思うほどふるのが、僕のオススメ！

Onggiの基本

1

4種のソース

Onggiを支える屋台骨。

少しだけ手間がかかりますが、食材との相性は折り紙つきです。

今回は、僕がたどり着いた「秘伝のソースレシピ」を大公開!!

김치 다대기《キンチ・タデギ》

キムチヤンニョムソース

KAN's point

キムチだけでなく、鍋料理の薬味としても大活躍の辛み調味料

갈비양념《カルビ・ヤンニョム》

カルビソース

KAN's point

牛肉全般との相性はバッチリ！　豚肉のスペアリブを漬け込むのもオススメですよ

キムチヤンニョムソース

材料

リンゴ…小さめ1/2個（約100g）

しょうが…90g

にんにく…90g

イカの塩辛…50g

アミエビの塩辛…50g

粗唐辛子…50g

粉唐辛子…50g

砂糖…40g

水あめ…20g

（無ければ「はちみつ」でも可）

魚醤…30mℓ

1 リンゴ、しょうが、にんにくをすりおろす。

2 イカの塩辛、アミエビの塩辛は包丁で細かくたたく。

3 ボウルにすべての材料を入れ、よく混ぜれば、できあがり。

できあがり量

約500g

（白菜キムチ約2株分相当）

カルビソース

材料

リンゴ…1/6個（約50g）

玉ネギ…1/4個（約50g）

にんにく…3片（約25g）

醤油…大さじ2 1/2

砂糖…大さじ2 1/4

炭酸水…25mℓ

コーラ…50mℓ

黒コショウ…少々

1 リンゴ、玉ネギ、にんにくをすりおろす。

2 ボウルですべての材料を混ぜ合わせる。

できあがり量

約250g

（ソウル式プルコギ約2.5人前相当）

カンジャンセウ・ガンジャン
새우간장
セウジャンソース
毎年、5~6月に旬となる人気料理「カンジャンケジャン（ワタリガニの醤油漬け）」にも活用できる、海鮮万能ダレです
KAN's point
マンノウ・コチュジャン
만능고추장
万能コチュジャンソース

セウジャンソース

材料
- リンゴ…1/6個（約50g）
- 玉ネギ…1/4個（約50g）
- 長ネギ…1/4本（約25g）
- にんにく…3片（約20g）
- 醤油…180㎖
- 日本酒…45㎖
- みりん…45㎖
- 水あめ…25g
- 砂糖…大さじ2 1/2
- 出汁昆布（乾燥）…2g
- 水…250㎖
- 黒コショウ（ホール）…3粒

1. リンゴ、玉ネギ、にんにく、長ネギは5㎜くらいの薄切りにする。
2. 鍋にすべての材料を入れ、混ぜて砂糖を溶かしてから沸騰させる。
3. 沸騰したら、弱火で2分ほど煮詰め、しっかり冷ます。
4. ザルで濾したら、できあがり。

できあがり量
約500㎖
（赤エビのヅケ約12尾分相当）

万能コチュジャンソース

材料
- 粉唐辛子…50g
- コチュジャン…25g
- にんにく（すりおろし）…1.5片
- 醤油…50㎖
- 日本酒…大さじ1
- 炭酸水…25㎖
- 砂糖…大さじ5 1/2（50g）
- 水あめ…12g
（無ければ「はちみつ」でも可）
- 黒コショウ…少々

1. 鍋にすべての材料を入れ、火にかける前によく混ぜ合わせる。
2. 弱火で焦がさないよう、混ぜながら沸騰させる。
3. 砂糖が溶ければ、OK。

できあがり量
約220g
（豚肉とイカのプルコギ約7人前相当）

chapter

2 野菜を味わいつくすのが韓国料理

韓国料理といえばコチュジャン、唐辛子いっぱいの激辛料理……。そんなイメージを耳にするたび、僕は「全然違うけどなぁ」とおかしくなります。

コチュジャンは韓国にたくさんある合わせ調味料のひとつだし、唐辛子は豊臣秀吉の時代にむしろ日本から持ち込まれたものらしい。「日本の人が考える韓国料理」は独自に進化したものなので、本当の韓国料理は意外とまだ知られていないのかもと感じています。

韓国料理の基本の味付けは日本と同じく塩と醤油。醤油は他のアジア諸国と似て、魚からつくる魚醤がメイン。味噌も重要で、韓国では豆味噌が中心になっています。

野菜をふんだんに食べることも特徴的。とくに韓国は「葉っぱの国」。韓国の市場に行くと、ものすごい種類の葉物と山菜が並んでいます。生で使うだけでなく、干して乾燥させたものを水で戻し、そこから塩漬けにしたり発酵させたりと、工夫を凝らして野菜を味わいつくすのも韓国式でしょうか。

また、基本が薄味という特徴もあります。例えば冷麺などはあっさりとして、ひと口めは、「あれ、薄い？」となりがち。でも奥の奥にじんわり牛肉のうま味が効いていて、帰りの電車に乗ったころには、「また食べたいなぁ」となる。それが韓国でいうおいしさの基準なのです。韓国料理は美肌のもとなどといわれますが、それは基本的に身体にやさしい料理であることと関係があるのかもしれません。

韓国の家庭では、キムチやナムルなどが常備菜です。Ｏｎｇｇｉでもナムルだけで5〜6種類は出せるようにしています。日本の食材は季節感たっぷりで、やわらかくておいしいものが多い。僕は無理に韓国テイストにこだわるのではなく、日本でインスパイアされるまま、僕なりのひと手間、ひと工夫を大切にしています。Ｏｎｇｇｉの「ナムル5種」はこの店の起爆剤。多くのリピーターを生んだ看板料理のひとつになっています。

Onggiの人気を不動にした絶品ナムル

ナムル5種

豆もやしのナムル

大豆もやし…200g
にんにく(すりおろし)…1/4片
塩…小さじ1/3
ゴマ油…適量
白ゴマ(すりゴマ)…適量

1 大豆もやしを水から茹で、沸いたら火を止める。
2 お湯を切ったら、ボウルに移し、にんにく、塩をあえる。
3 2にゴマ油をまとわせ、白ゴマをふる。

ニンジンのナムル

ニンジン…小1本(約120g)
塩…小さじ1/4
サラダ油…小さじ1/2

1 ニンジンを千切りにする。
2 フライパンにサラダ油をひき、塩をふって20秒ほど炒めれば、できあがり。

ダイコンのナムル

ダイコン…1/3本(約200g)
にんにく(すりおろし)…2片
塩…小さじ1/3
サラダ油…小さじ1

1 ダイコンは繊維に沿って、5㎜くらいの細切りにする。
2 フライパンにサラダ油をひき、ダイコンとにんにくを炒める。
3 ダイコンが透きとおってきたら、塩を入れ、軽く炒める。

ホウレンソウのナムル

ホウレンソウ…200g
にんにく(すりおろし)…1/5片
魚醤…小さじ1/3
塩…少々
ゴマ油…少々

1 ホウレンソウは水できれいに洗う。
2 塩を入れ、沸騰させたお湯に根のほうから入れて、10秒ほど茹でる。
3 火を止め、すぐに氷水で冷やす。
4 水を軽く絞ったら、5㎝くらいに切る。
5 ボウルで4と魚醤、にんにくをあえる。
6 5にゴマ油をまとわせる。

ワラビのナムル

ワラビ(水煮)…200g
にんにく(すりおろし)…1片
淡口醤油…小さじ1/3
醤油…小さじ1/2
サラダ油…大さじ1
白ゴマ(すりゴマ)…適量

1 ワラビを軽く湯通しし、お湯を切る。
2 サラダ油をひいたフライパンに材料をすべて入れ、全体をあえたら中火で煮るように炒める。
3 汁気を少し残した状態まで炒めたら、できあがり。

비빔밥《ビビンパッ》

ナムルを最高においしく楽しむ「鉄板」ごはん

ビビンパ

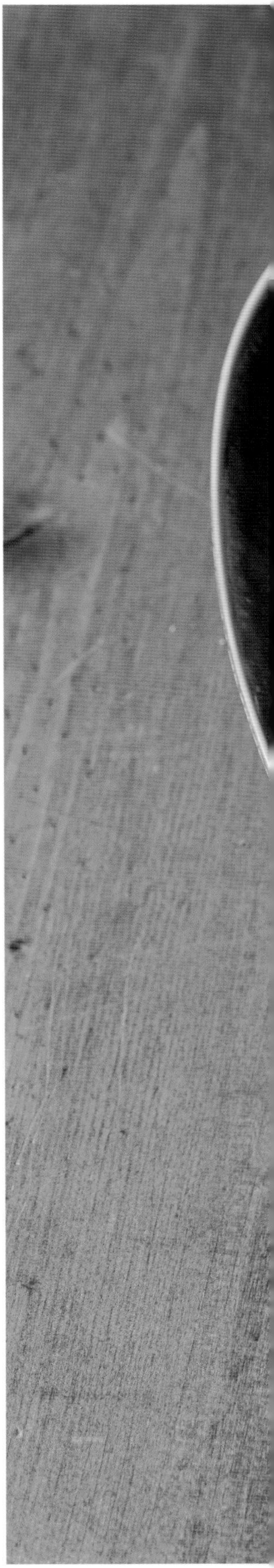

材料（1人分）

シイタケ…4個（約20g）
にんにく（すりおろし）…少々
卵…1個
ごはん…180g
※p22-23のナムルを3〜4種

醤油…小さじ1/2
砂糖…小さじ1/4
サラダ油…少々
白ゴマ…適量
コチュジャン…適量

1 しいたけを薄くスライスして、にんにく、醤油、砂糖をもみ込んでおく。

2 フライパンにサラダ油をひき、1を炒める。

3 皿に温かいごはんを盛り、1、お好みのナムル、目玉焼きをのせ、白ゴマを添える。

目玉焼きをくずして、全体をよ〜く混ぜてお召し上がりください。お好みでコチュジャンを加えると、ピリッとした辛みが味変にもなりますよ

デベ・サムギョプサル
대패삼겹살

色とりどりの葉野菜を準備して、無限ループのお時間を

サムギョプサル

材料（2人分）

サニーレタス
白菜
サンチュ
春菊
えごまの葉

※野菜類はお好みのものをご用意ください

豚肉（肩ロース薄切り）…適量
豚肉（バラ薄切り）…適量
塩…適量
白コショウ…適量
※白菜キムチ…適量（※p31参照）
★ダイコンの酢漬け…適量
☆サムジャン…適量

1 野菜は、包みやすく、食べやすい大きさにちぎる。

2 フライパンで豚肉（肩ロース、バラ）を炒め、軽く塩、コショウをふる。

3 1、2、ダイコンの酢漬けを盛りつける。

4 お好みの野菜と豚肉を重ね合わせ、サムジャンや白菜キムチと一緒に包む。

Onggiのサムギョプサルは、「野菜をたくさん、美味しく食べさせる料理」です。今回のように豚肉は薄切りを使うことで、何度でもおかわりしたくなりますよ

★ダイコンの酢漬け

・ダイコン…1本（約1kg）
・酢…450㎖
・砂糖…100g
・水…500㎖
・黒コショウ（ホール）…5粒

1 ダイコンは丸いカタチを残すようにスライサーで1㎜程度の薄切りにする。
2 鍋で水、酢、砂糖、黒コショウをあわせ、沸騰させる。
3 フタのできる耐熱容器に1を入れ、熱いままの2をそそぐ。
4 粗熱が取れたら冷蔵庫へ入れ、ひと晩ほどで、できあがり。

☆サムジャン

・韓国味噌…15g
・コチュジャン…5g
・白ゴマ…適量

1 韓国味噌とコチュジャンを「3対1」の割合で混ぜ合わせ、白ゴマをくわえる。

잡채

まさに「おふくろの味」　伝統的な家庭料理

チャプチェ

韓国はるさめ炒め

材料（2人分）

韓国はるさめ（乾燥）…60g
豚肉（ロース薄切り）…50g
シイタケ…2個（約10g）
玉ネギ…1/4個（約60g）
ニンジン…1/5本（約30g）
ピーマン…2個
にんにく（すりおろし）…2片
サラダ油…小さじ1
砂糖…小さじ1/3
醤油…大さじ1/2
ゴマ油…適量
塩…適量
黒コショウ…適量
白コショウ…適量
水…適量

1 韓国はるさめを水でもどしておく。（30分以上）

2 豚肉は1cmくらいの細切り、シイタケは5mmくらいの薄切りにし、醤油、砂糖、にんにくをもみ込み、10分くらい漬け込む。

3 玉ネギ、ニンジン、ピーマンは千切りにし、油をひいたフライパンで塩、コショウをして炒め、取り出しておく。

4 3のフライパンに、サラダ油を少し足して2を炒め、取り出しておく。

5 1を沸騰した湯で5分ほど茹で、湯切りした後、冷水で締める。

6 5を鍋に戻し、少量のサラダ油と水を加え、★合わせ調味料を入れ、中弱火で混ぜながら3分ほど炒める。

7 鍋に3 4を加え、全体をよくあえ、最後にゴマ油と黒コショウで味をととのえる。

★はるさめ用合わせ調味料
・醤油…大さじ2
・砂糖…大さじ1 1/3
・ゴマ油…適量
・黒コショウ…適量

はるさめは「茹ですぎ厳禁」。歯応えを残すようにするのがコツです

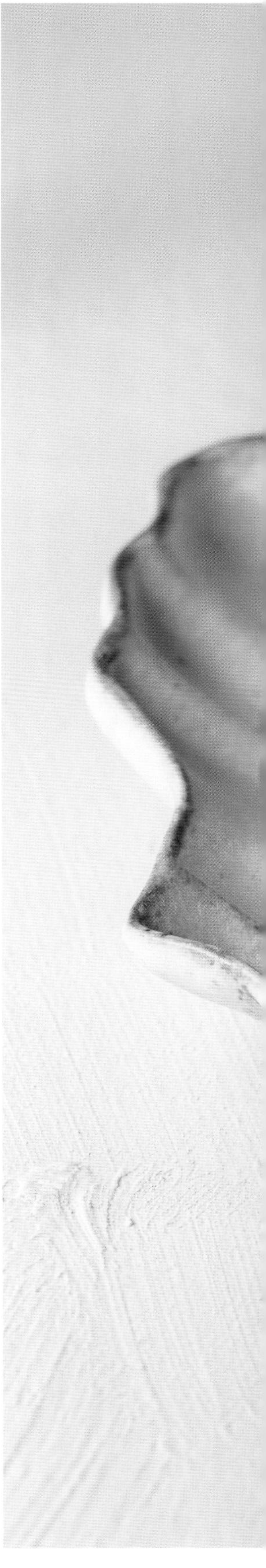

오이소박이《オイ・ソバギ》

キュウリのキムチ（オイキムチ）

作って、すぐに食べられる。簡単&フレッシュキムチ

長芋のキムチ

참마김치《チャンマ・ギンチ》

キュウリのキムチ

材料（2人分）

キュウリ…2本
ダイコン…2㎝程度（約50ｇ）
ニンジン…1/3本（約50ｇ）
塩…適量
※キムチヤンニョムソース…50ｇ（※p18参照）

1 ダイコンとニンジンを千切りにし、キムチヤンニョムを混ぜ込む。

2 キュウリを5㎝くらいに切り、縦に十字の切込みを半分くらいまで入れ、塩漬けにする。

3 3時間ほど漬けた2を軽く絞り、1を切込みに詰める。

長芋のキムチ

材料（2人分）

長芋…1/5本（約100ｇ）
※キムチヤンニョムソース…50ｇ（※p18参照）

1 長芋は皮を剥いて、2㎝くらいの角切りにする。

2 1をキムチヤンニョムとあえる。

KAN's point
新鮮野菜のフレッシュ感がたまらない一品。長芋は一晩おくとトロミが出てまろやかに！

Onggiの基本

2

塩抜きしない
白菜キムチ

배추김치《ベチュ・キンチ》

韓国料理に無くてはならない一品ですが
Onggiの白菜キムチは、日本の白菜に合わせた僕のオリジナル。
作り立ての爽やかさ、熟成された旨味……どちらも僕の大好物なんです。

【onggiの黄金比】
塩で漬け込む前の白菜の重さに対し、1.1%程度の塩の量が最適！

材料（2人分）

白菜…1/4株（約750g）
※1で根の部分を切り落とすと、約600gになる
塩…小さじ1強（約7g）
※キムチヤンニョムソース…70g（※p18参照）

1 白菜は根の部分を切り落とし、軽く水洗いする。
2 水をよく切った白菜を1cmくらいのそぎ切りにして、ビニール袋に入れ、塩を加えたら、よくふってなじませる。
3 ビニール袋の空気を抜いて密閉し、冷蔵庫で5時間ほど寝かせる。
4 塩漬けにした白菜をザルにあけ、しっかりと水気を絞る。
5 4にキムチヤンニョムをあえれば、できあがり。

徴兵時代に見つけた【料理の世界】――その扉が開く瞬間。完全コミック版!!!

ガッ
ガッ
ガッ
ガッ
調理場という戦場
～カン・グヌ 調理兵になる～
作画/SYUQO

대한민국 국민인 남성은 헌법과 이 법에서 정하는 바에 따라
병역의무를 성실히 수행하여야 한다 (대한민국 병역법 제 3조)

大韓民国国民である男子は　憲法と　この法の定めるところにより
兵役の義務を誠実に遂行しなければならない（大韓民国兵役法　第３条）

論山《ノンサン》 陸軍訓練所
2001年——
ザッ
ザッ
ザッ
ハァ
ハァ
カン・グヌは、
この年の冬から
2年2ヵ月の
【徴兵《ちょうへい》】に入った
ほれっ！ 気合《きあい》を
入れないかぁ!!
ビクッ
最初の研修期間で
〝軍隊はひとつの国〟
という思想を容赦なく
植えつけられ
ハァ
ハァ
徹底的な団体行動で
民間人の《色》を
抜いていく

地獄のような生活で
唯一の楽しみが
食事だったんだけど――
お世辞《せじ》にも
美味しいとは
言えないもの
ばかりで……
これがまた
疲れ切った身体に
堪《こた》えるんだな
ああ……
ハンバーガー
食いてえ……
そのため、
入隊時に90kgあった体重は
1ヵ月で、瞬く間に70kgまで
落ちてしまった――
僕は――
こんなところで
続けられるのか……

研修期間が終わると
「補職《ほしょく》」といって、
その後の2年1カ月を過ごす
仕事が決められる
カンは、
【運転兵士《うんてんへいし》】に配属された
運転兵士部隊は、
大型トラックを走らせて
鉄砲や銃弾、物資を運ぶ
超肉体労働で——
ハァ
ヨロッ
ズコッ
気をつけろっ！
気を抜くなっ!!
研修の時よりも
数倍キツイ毎日が始まった
す……
すみません！
あと、2年……

そんな
ある日のこと――
グヌ、
ちょっと来い！
はいっ
……なんか、ミスったか――!?
調理兵《ちょうりへい》に欠員が出た
今日から少しの間、手伝いに行ってくれ
以上！
忠誠《ちゅうせい》っ!!
な、なんで僕が……

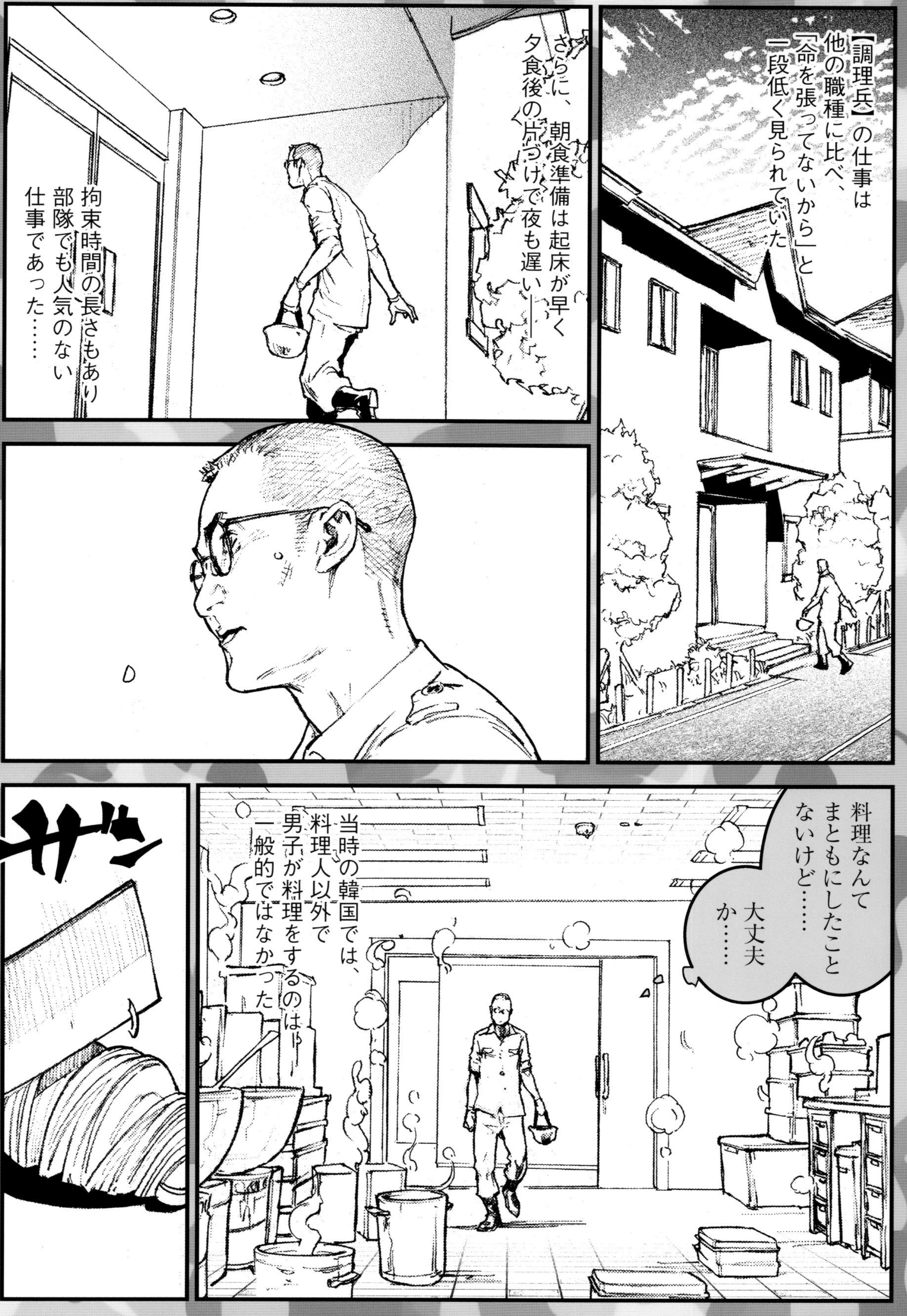
【調理兵】の仕事は
他の職種に比べ、
「命を張ってないから」と
一段低く見られていた
さらに、朝食準備は起床が早く
夕食後の片づけで夜も遅い――
拘束時間の長さもあり
部隊でも人気のない
仕事であった……
料理なんて
まともにしたこと
ないけど……
大丈夫
か……
当時の韓国では、
料理人以外で
男子が料理をするのは
一般的ではなかった

ザンッ
ザッ
グツ
グツ
おっ！
待ってたぞ
そこに
制服があるから
早く着替えて
くれ
えっ⁉
あっ、
ハイ！
着替えたら
冷蔵庫から
キャベツ2箱と
豆腐3箱を！
そのあと、
配膳食器を
運んでくれ！
あああああっ、
思ってたより
すごいとこだ

ごはんが炊きあがったぞ、ケースに移して
こっちに豚肉を頼む！
カンは考える間もなく、〚調理場という戦場〛の……
最前線に投げ込まれたのだ
上官からの配属を戻す命令が来ないまま
あっという間に数日が経っていた
野菜嫌いが多いから……
単純に不味《まず》かったからか？
まあ、仕方ない
昨夜は、野菜を残す人が多かったですね
うん

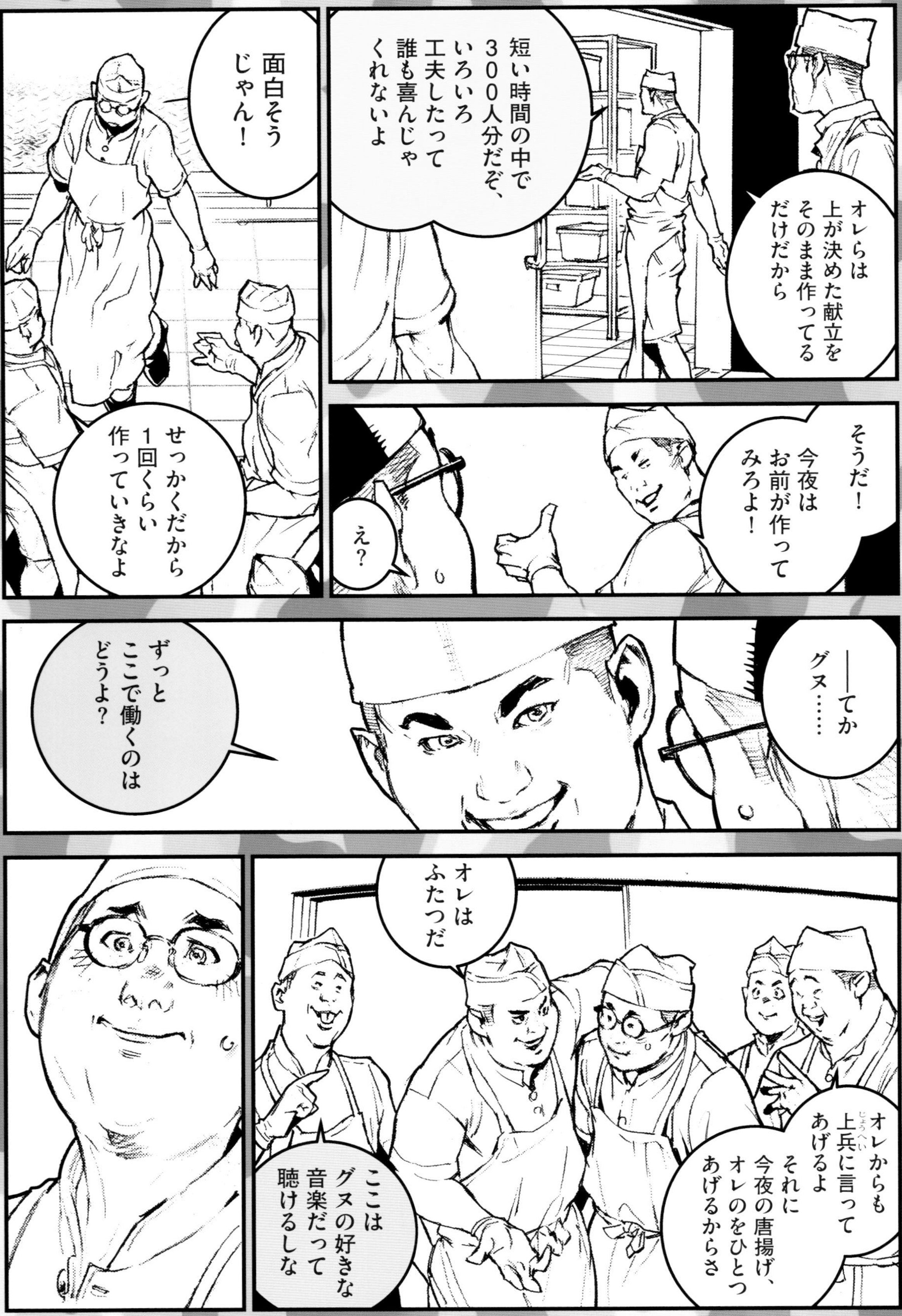
オレらは上が決めた献立をそのまま作ってるだけだから
短い時間の中で300人分だぞ、いろいろ工夫したって誰も喜んじゃくれないよ
面白そうじゃん!
せっかくだから1回くらい作っていきなよ
そうだ! 今夜はお前が作ってみろよ!
え?
――てかグヌ……
ずっとここで働くのはどうよ?
オレからも上兵《じょうへい》に言ってあげるよ それに今夜の唐揚げ、オレのをひとつあげるからさ
オレはふたつだ
ここはグヌの好きな音楽だって聴けるしな

たった5人で朝昼晩を作り続けるのは大変だけど
この調理場は先輩後輩の分け隔てがないし、理不尽もない
ここなら僕にも……
大変です！
またか
ここの調理場は設備が古いから……
炊飯器《すいはんき》が動きません！
訓練所が寒冷地にあるため夕食後にきちんとバルブを閉めておかないと凍ってしまい、給水管にヒビが入る——

今はとにかく時間がない
少しの間、押さえておいてくれ！
プシャァア…
はっ、はい！
え〜〜〜!? 僕が独りでやんの〜〜
軍隊は、とにかく時間に厳しく、
特に主食が提供できない事態は懲罰もある——
みんな、急げ！遅れたら懲罰だ
——ちょ、懲罰……
頼んだぞ！
今夜の唐揚げ全部やるから頑張れ——！
気温は5℃——全身ずぶ濡れ、手の感覚はなくなったがこの日はなんとか乗り越えた……そして、
この翌日、カンは正式に【調理兵】を志願した——

その後——【調理兵】となり1年半、
調理場には後輩も増えた
はい！
ごはんは多めに炊いてあるな
今日はオーサム(豚肉とイカのプルコギ)ですからね
よし！カン上兵の鉄板メニュー
お前が作るようになってからみんな野菜も食べてくれるし
そうそう、豚肉もいいけど野菜が美味いんだよ
でも、上兵も忙しいのにいつもいろいろ考えますよね
カン
だって、楽しいじゃないか！

〝料理＝笑顔〟もカンの原点なのだ――
今日は、ごはんを超大盛で頼むぜ！
オレもお願い！
他の部隊が羨ましがってますよ！うちのオーサム
「少しでも美味しく」「みんなで作り、みんなで食べる」――そんなカンの思いが調理場に伝わり
食堂でも笑顔が増えていった
そして、この貴重な経験が西荻窪《にしおぎくぼ》の『Onggi《オンギ》』へと繋がっていく――
僕はこれからも自分の料理でみんなを笑顔にできるかな？
愉《たの》しいお客さんと美味しい食事に囲まれる毎日になってるぞ！

Onggiの基本

3 出汁

出汁が命——これは、韓国も日本も同じです。
店では作り置きせず、毎日作る〈仕込み〉の手始め。
肉にも、魚介にも、野菜にも欠かせない名脇役!!

材料

出汁昆布（乾燥）… 10g
煮干し… 20g
玉ネギ… 1/2個（約100g）
長ネギ… 1/2本（約50g）
水… 1ℓ

1 大きめの鍋に水を張り、出汁昆布と煮干しを入れ、ひと晩ほど置いておく。
2 玉ネギはくし切り、長ネギは5㎝くらいの輪切りにする。
3 1に2を入れ、沸騰させる。
4 沸騰したら昆布を取り出し、弱火で5分ほど煮る。
5 火を止め、材料を濾したら、できあがり。

chapter

3 ひと皿の芸術——鮮やかに、華やかに

思うに、僕はかなりの日本好きだと思います。ポップカルチャーに伝統文化、自然風景、街、人、そして食文化。どれくらい日本が好きかというと、韓国の大通りで「僕は日本が大好きだーっ!」と叫び出したいくらいに好きなのです。やりませんけど。(笑)

僕がそこまで日本を好きになったきっかけのひとつに、会石料理の「八寸」があります。まだ日本に来て間もないころ、和食店で僕はおおいに悩んだ。この小ぢんまりとした料理は、なんのために存在するのか、と。

というのも、宮廷料理などは別として、韓国の庶民の料理というのは基本が大皿料理なのです。これは栄養満点の野菜料理、これはボリュームのある肉料理といった比較的はっきりとした「目的」の下に、どん、どんと大皿で出す。それを皆で囲んで食べるのが一般的なスタイルです。

対する和食は、これぞメインというひと皿がなく、地味に少しずつ出てきます。ただ、悩みつつもあれこれ味わってみると、そこに深い世界が広がっていることに気づかされました。和食では料理がお腹を満たすためだけにあるのではなく、〈一期一会〉のその瞬間を愛おしむために存在しているのかもしれない、と。

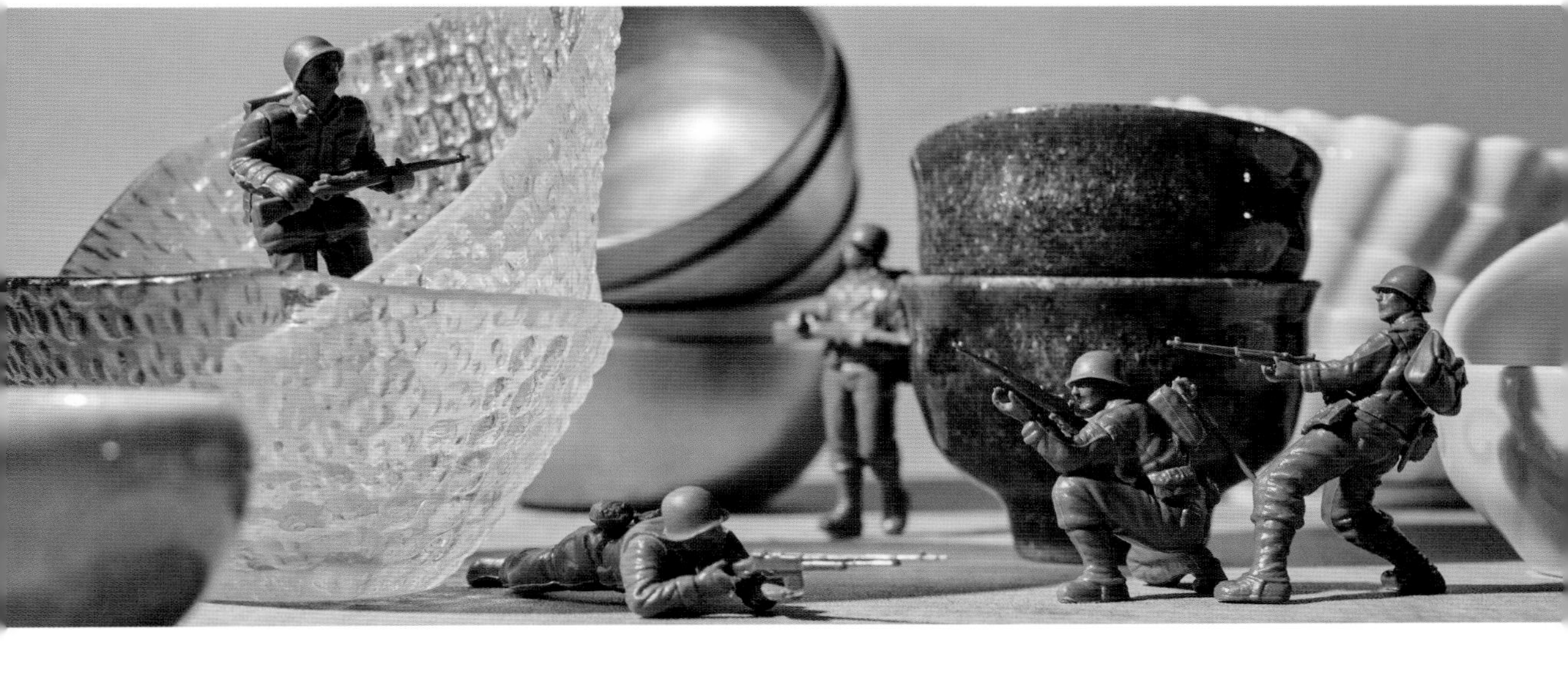

なかでも「八寸」は見た目にも美しく、まるでひと皿の芸術作品のよう。食事全般を文化や芸術のレベルへと昇華させるガストロノミーという考え方がありますが、僕は「八寸」にその真髄を見た気がして感動しました。

　そこで僕が考えたのが、「八寸」を会石料理からもっと普段の生活の中に再現してみたいということでした。例えば仕事から帰ってきた母が幼い僕らに食べさせてくれたような、ふだん着の韓国料理で作ったら素敵だろうなと。

　そのようなことを実践しているのが、Ｏｎｇｇｉのおもてなしの核となっている小皿料理です。和食より保存がきくものもたくさんありますが、ポイントはどちらかといえば仕込みに手間をかけること。食べるときにさっと盛り付けて、鮮やかに、華やかに。Ｏｎｇｇｉ風の「八寸」で、食卓を囲む人をとっておきの笑顔にしてしまいましょう。

5日間くらいは冷蔵保存が可能なので、漬け込みによる味の変化や食感の違いを楽しむのも一興
KAN's point

간장새우《カンジャン・セウ》

赤エビのヅケ（カンジャンセウ）

これぞ「Onggiの代名詞」韓国料理のイメージが変わること間違いなし

ホタテのヅケ

가리비 장《カンジャン・カリビ》

赤エビのヅケ

材料（2人分）

赤エビ（刺身用）…4尾

※セウジャンソース…180㎖

（※p19参照）

1 赤エビは殻つきのままヒゲを切って、背ワタをとる。

2 フタのできる容器にセウジャンソースを入れ、赤エビがすべて浸るように並べる。

3 冷蔵庫で一晩ほど漬けこむ。

ホタテのヅケ

材料（2人分）

ホタテ（刺身用）…4個

1 赤エビを漬け込んでいる容器に、食べる3時間くらい前を目安に一緒に漬けこむ。

해파리 냉채《ヘパリ・ネンチェ》

クラゲの冷菜

お口さっぱり、最高の箸休め

★タレの作り方

・にんにく（すりおろし）…3片
・塩…小さじ1
・練り辛子…45g
・砂糖…大さじ4 1/2
・酢…大さじ2強
・レモン汁…50㎖
・水…175㎖

1 材料すべてを混ぜ合わせ、冷蔵庫でひと晩、寝かせる。

KAN's point
牛ホホ肉の入手が難しければ「牛または豚のスネ肉」でも代用できます。ただ、その場合は1時間程度、煮込んで柔らかく仕上げてください

材料（2人分）

クラゲ（塩蔵）…100g
牛肉（ホホブロック）…200g
キュウリ…1本
小ネギ…4本
にんにく…4片
長ネギ…1/2本（約50g）
塩…小さじ1 1/3
※ダイコンの酢漬け…4枚（※p27参照）

1 クラゲを水に入れ、塩抜きをする。（約30分）
2 1を水洗いし、5㎝くらいに切っておく。キュウリは5㎝くらいの千切りにする。
3 鍋に水（分量外）、にんにく、長ネギ、塩を入れて沸騰させ、牛肉を入れて40分ほど煮る。
4 3の肉を取り出し、よく冷ましてから2㎜くらいの薄切りにする。
5 小ネギを軽く塩茹でする。
6 ダイコンの酢漬けで、4、2を巻き、さらに5で巻く。
7 ★タレをひいた皿に盛りつける。

생선전《センソン・ジョン》

お弁当にもピッタリな、ハレの日メニュー

白身魚のジョン

KAN's point

フライパンに入れたら、こまめに返すことで、卵がきれいにコーティングされ、きれいな色目になりますよ

材料（2人分）

タラ（切り身）… 2切
小麦粉… 大さじ2
卵… 1個
塩… 適量
サラダ油… 大さじ2
※にんにくの芽ソース… 適量（※p10参照）

1 タラの切り身を4等分にし、塩をしておく。

2 1を10分ほど置いたら、表面の水分を拭き、小麦粉をまぶす。

3 フライパンを熱し、サラダ油をひく。

4 カラザをとった全卵をよく溶いたものに2をくぐらせ、フライパンへ。

5 中火で、タラを何度も返しながら5分ほど焼く。

한치《ハンチ》 금귤《グムギュル》 무침《ムチム》

ヤリイカと金柑のあえもの

柑橘の香りとピリ辛ソースで爽やかさ倍増

材料（2人分）

ヤリイカ（小さいサイズ）…2ハイ
金柑…2個
すりごま…適量
★ビビン麺ソース…適量

❶ヤリイカは内臓をとって水洗いし、胴体とゲソに分けておく。

❷沸騰したお湯で①を1分半〜2分ほど茹で、きちんと冷ましておく。

❸金柑は4分の1に切り、種をとる。

❹②の胴体は1cm幅、ゲソは半分に切る。

❺ボウルに③、④、適量のビビン麺ソース、すりごまを入れ、軽くあえれば、できあがり。

★ビビン麺ソース
・万能コチュジャンソース（※P19参照）…50g
・醤油…小さじ1/2
・酢…大さじ1
・ゴマ油…小さじ1

❶材料をすべて混ぜ合わせれば、できあがり。

방어 된장무침《バンオ・デンジャンムチム》

ブリの韓国風味噌あえ

旬の白身魚を韓国風の味付けで極上おつまみに

材料　（2人分）

ブリ（刺身用）… 80g

★味噌ソース… 小さじ2（約10g）

キュウリ（塩もみ）… 適量

1 ブリが冊の場合、刺身用に切り分ける。

2 ブリと味噌ソースをあえる。

3 塩もみしたキュウリなどを添えて、できあがり。

★味噌ソース

・韓国味噌… 40g
・キヌア… 15g
・にんにく（すりおろし）… 1/2片
・わさび… 5g
・ゴマ油… 大さじ1弱

1 キヌアを沸騰した湯で10分、茹でる。

2 湯切りをした1と、その他の材料をすべて混ぜ合わせれば、できあがり。

굴김치《グル・キンチ》

カキのキムチ

韓国では大人気の〈生ガキ〉メニュー

材料（2人分）

カキ（生食用）…4個（約60g）

※剥き身で1個（15g）

ダイコン…適量

※キムチヤンニョムソース

…大さじ1 1/3（約25g）（※p18参照）

1 カキを軽く水洗いし、キムチヤンニョムをもみ込む。

2 キムチヤンニョムをあえたダイコンの千切りなどをのせる。

도토리묵《ドトリムック》

ドトリムク

（ドングリの豆腐）

疲れた身体を癒してくれる、栄養満点食

韓国では登山のあとに食べるのが定番。マッコリとの相性も抜群です
KAN's point

材料（2人分）

ドトリムク…100g
しらす…10g
長芋…25〜30g
青ネギ…適量

1 ドトリムクは2cmくらいの角切りにする。
2 長芋は包丁の腹などで適度につぶしておく。
3 皿に1、2、しらす、小口切りにした青ネギを盛りつける。
4 合わせておいた★つけダレをかける。

★つけダレの作り方

・醤油…小さじ5
・にんにく（すりおろし）…1/2片
・しょうが（搾り汁）…1.5g
・ゴマ油…小さじ2
・酢…小さじ2 1/2
・砂糖…大さじ1弱
・白ゴマ…適量

1 材料をすべて混ぜ合わせ、砂糖が溶ければ、できあがり。

Onggiの基本

4 天日塩

僕がOnggiでこだわる調味料のひとつ。
カドがなく、甘味さえも感じる逸品で
潮風で乾かした〈天日塩〉はミネラルも豊富。
韓国では、とってもポピュラーなんです。
これだけは必ず韓国産を常備しています。
何よりも、料理の味を決めてくれる秘密兵器。
是非とも、この機会に試してみてください!!

chapter

4

300人の兵士たちが太鼓判——料理と格闘する日々

これを話すと日本の人には驚かれるのですが、僕の料理人としてのキャリアは軍隊でスタートしました。韓国には徴兵制があり、国防は男子の義務。若いうちに2年程度、兵役に参加することになるのです。

陸軍に入って間もないころ、ひょんなことから〈臨時〉で調理場を手伝うことになり、数日後には先輩から「調理兵にならないか？」と誘われました。仕事は大変だったけど、どうやら厨房では一日中音楽をかけていてよいらしい、と聞いたので、その翌日には志願。それがすべての始まりでした。

調理兵の仕事は毎日、朝・昼・晩の3食を作ること。最初は洗い物やじゃがいもの皮を剝くといった下働きで、慣れてくると階級が上がって鍋を振るように。さらに昇進すると食材の仕入れや予算など全体の管理を担当する。基本は一般社会と同じなのですが、僕のいた部隊では5人の調理兵で300人分の食事を、なんと2時間で作らないといけない……。まさに料理と格闘する日々でした。

調理兵に課せられたミッションは単に「おいしいものを作る」だけではありません。軍隊なので栄養価の高い料理を多く食べさせ、「部隊を強くすること」が重要。食材は配給のものであっても、そこからいかにおいしく作り、皆を満腹にさせるか。求められるのは腹十二分目、とにかくごはんが進む料理です。

僕が一番得意だったのが「豚肉とイカのプルコギ」。豚はバラ肉を多めに、味は少し甘めにして、と工夫を重ねたところ、これを出す日にはご飯を通常の1.2倍も炊かなければならないほどの鉄板メニューになりました。

子どものころからお調子者で、友だちを笑わせるのが大好きだった僕ですが、おいしいものを出すと人は笑顔になり、自分も褒められる。「これってなんて素晴らしいことだろう」ということを、僕は軍隊で教えてもらいました。

こってりと味わい深くて、食べれば元気が湧いてくる。ここからは、300人の兵士たち太鼓判のごちそうの数々を紹介します。

오삼불고기《オサム・プルコギ》

豚肉とイカのプルコギ

兵役時代の大人気メニュー、まさにゴハン泥棒

材料（2人分）

豚肉（こま切れ）… 200g
スルメイカ…1杯（小ぶり［約200g］）
玉ネギ…1/4個（約50g）
長ネギ…1/4本（約25g）
※万能コチュジャンソース…60g
（※p19参照）
サラダ油…適量
白ゴマ…適量

1 豚肉に万能コチュジャンをもみ込み、30分以上おく。
2 イカは短冊状になるよう、ひと口大に切る。
3 長ネギはナナメ切り、玉ネギはくし切りにする。
4 フライパンに中火よりやや弱めの火力でサラダ油を熱し、1をじっくり炒める。
5 1に火が通ったところで2を入れ、全体をなじませながら2分ほど炒める。
6 3を入れ、味をからませたら火を止める。
7 器に盛り、白ゴマを適量ふる。

KAN's point

豚肉はひと晩漬けこんでも美味しいですよ。白飯はもちろんのこと、ビールやマッコリとも相性抜群！

※写真は約5人前の分量です

양념치킨《ヤンニョムチキン》

ヤンニョムチキン

Korean Fried Chicken

（韓国風フライドチキン）

材料　（2人分）

鶏の手羽元…５００g
天ぷら粉…１００g
サラダ油…適量
★ヤンニョムチキンソース…適量

1. 鶏の手羽元を☆漬け込みダレに漬け込む。（12時間以上）
2. ①に天ぷら粉をつける。
3. 深めの鍋に手羽元が隠れる程度のサラダ油を入れ、１７０℃で5分ほど揚げる。その後、2度揚げ（2分ほど）する。
4. 油を切ったら、熱いうちにヤンニョムチキンソースとからめる。

★ヤンニョムチキンソース

・ケチャップ…１００g
・コチュジャン…50g
・とんかつソース…大さじ2強
・水あめ…２００g
・砂糖…１００g
・醤油…大さじ3
・にんにく（すりおろし）…50g
・粉唐辛子…25g
・いちごジャム…25g
・コショウ…少々
・水…１２５㎖

1. 材料をすべて鍋に入れ、沸騰させる。
2. 弱火にして3分ほど煮詰め、火を止める。
3. 粗熱を取ったら、できあがり。

☆鶏の手羽元漬け込みダレ

・醤油…小さじ1
・砂糖…小さじ1 1/2
・塩…小さじ1弱
・酢…小さじ2
・にんにく（すりおろし）…1片
・コショウ…適量
・水……５００㎖

1. 材料をすべて混ぜ合わせ、塩、砂糖が溶ければ、できあがり。

순두부찌게《スンドゥブチゲ》

海鮮の旨味と豆腐の食感が堪らない、大定番スープ

スンドゥブチゲ（純豆腐チゲ）

KAN's point

お好みで卵を入れて、まろやかバージョンもオススメ。タデギは韓国でも定番な万能調味料。専門スーパーでも購入可能なので、是非とも！

材料（2人分）

豆腐（絹ごし）…150g
海鮮ミックス（冷凍）…100g
玉ネギ…1/5個（約40g）
※出汁…180ml（※p45参照）
★タデギ…30g

1 豆腐は大きめの角切り、玉ネギは粗みじん切りにする。

2 鍋にすべての材料を入れて、強火にかけ、沸騰させる。

★タデギの作り方

A
牛（または豚）ひき肉…75g
ラー油…大さじ5強
にんにく（すりおろし）…3片
長ネギ（みじん切り）…3/4本（約75g）

B
粉唐辛子…40g
塩…小さじ2
醤油…小さじ1 2/3
コショウ…少々
魚醤…小さじ1 1/3
出汁…小さじ1 1/2

1 フライパンにAを入れ、中火で肉の色が変わるまで炒める。

2 一度火を止め、5分ほど冷ます。

3 [2]にBを加え、混ぜ合わせたら再び弱火にかける。

4 塩が溶けたら火を止め、完全に冷ましたら、できあがり。

김치찌게《キンチ・チゲ》

キムチチゲ

白菜キムチが主役。煮込みすぎるのがポイント

材料（2人分）

※白菜キムチ…150g（※p31参照）

豚肉（シチュー用）…100g

玉ネギ…1/4個（約50g）

※出汁…250㎖（※p45参照）

1 玉ネギは粗みじん切りにする。

2 鍋にすべての材料を入れ、強火にかける。

3 沸騰したら弱火にし、5〜6分ほど煮込み、玉ネギが柔らかくなったら、できあがり。

ゴマ油を使わないから、さっぱりな仕上がり。煮込みすぎて、トロトロにするのが僕の好み！
KAN's point

옛날돈까스《トンカス》

韓国風とんかつ

甘酸っぱいソースがクセになる。呼び名は「トンカス」

材料（2人分）

豚肉（とんかつ用ロース）…2枚（150g×2）
小麦粉…適量
パン粉…適量
卵…1個
サラダ油…適量
塩…適量
コショウ…適量
★トンカスソース…適量

1 豚肉は大きさが2倍になるよう、水平に包丁を入れて、開きにする。
2 塩、コショウをして、小麦粉→卵→パン粉をつける。
3 フライパンに1㎝くらいのサラダ油を入れ、170℃で両面を3分ずつ、揚げ焼きにする。
4 キャベツの千切りなど、好みの野菜と一緒に盛り付ければ、できあがり。

★トンカスソース（6人分）
・ホールトマト（缶詰）…1缶（400g）
・パイナップル（缶詰）…120g
・キウイ…1個（約100g）
・ウスターソース…60㎖
・醤油…大さじ1強
・砂糖…大さじ2強
・片栗粉…大さじ1
・バター…10g
・水…170㎖

1 ホールトマト、パイナップル、皮を剥いたキウイをミキサーに入れ、攪拌する。
2 1を鍋に移し、ウスターソース、醤油、砂糖、バター、水を入れ、中火にかける。
3 沸いてきたら一度、火を止めて、水溶き片栗粉を入れ、よく混ぜる。
4 再び中火にかけ、とろみがつけばOK。

トンカスソースは他の
揚げ物にも相性抜群
の万能調味料。冷凍
保存も可能なので、
是非とも作ってみて！

KAN's point

짜장면《チャジャン・ミョン》

ジャジャンミョン

日本では引越しそば、韓国では引越しジャジャンミョン

材料（4人分）

豚肉（こま切れ）… 300g
玉ネギ… 2個（約400g）
チュンジャン…100g
砂糖…小さじ2
オイスターソース…小さじ1
片栗粉…大さじ2
サラダ油…適量
水…270㎖
キュウリ…適量
太めの中華麺（生麺）…4玉

A
醤油…小さじ1
にんにく（すりおろし）…1片
しょうが汁…大さじ2
塩…ひとつまみ

1 Aで下味をつけた豚肉をサラダ油（小さじ2）をひいたフライパンで炒める。（弱火で、脂を出すように）

2 フライパンにチュンジャンとサラダ油（大さじ2）を入れ、弱火でじっくり炒め、細かな泡が出始め、香りがたってきたら火を止める。

3 別のフライパンにサラダ油（大さじ2）をひき、粗みじん切りにした玉ネギをきつね色になるまで炒める。

4 深めの鍋に1、2、3を入れ、中弱火で全体をからませながら、水を入れる。

5 砂糖、オイスターソースを加え、沸騰したら一度火を止める。水溶き片栗粉を回し入れ、再び点火し、弱火でとろみが出るまで煮詰める。

6 別鍋で湯を沸かし、中華麺を表示時間通りに茹で、冷水でぬめりを取る。

7 6を再び温めたら湯切りをして皿に盛り、5をかけて、千切りにしたキュウリを添える。

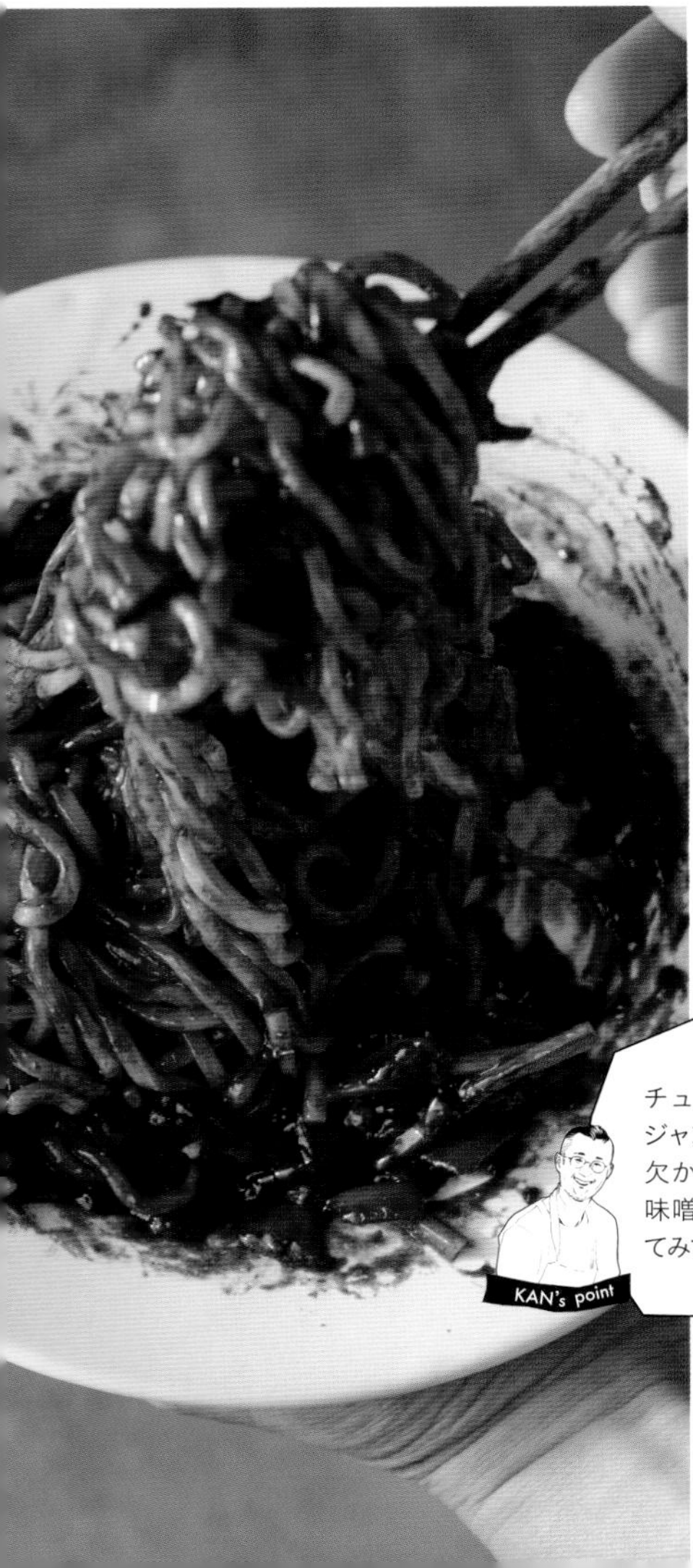

KAN's point

チュンジャンはジャジャンミョン作りには欠かせない甘めの黒味噌です。是非、試してみてください

KAN's point

玉ネギは、素早く強火で炒め、程よい食感を残しましょう！

カンくん直伝の作り方を見れば、すぐに作りたくなること間違いなし!!

この料理には
動画があります。

떡갈비《トクカルビ》

Onggiオリジナル 進化系韓国式ハンバーグ

トクカルビ

（BBQハンバーグ）

材料（2人分）

牛肉（肩ロース ブロック）…80g
牛肉（バラ 薄切り）…80g
※カルビソース…60g（※p18参照）

1 肩ロースを5㎜の角切りにする。
2 バラを3㎜くらいの細切りにする。
3 ボウルに1 2を入れ、カルビソースとよく混ぜ合わせたら、冷蔵庫で30分ほど寝かせる。
4 3を球状に丸め、常温に戻しておく。
5 温めておいたオーブントースター（180℃設定）にアルミホイルを敷いて、10分ほど焼いたら、できあがり。

カンくん直伝の作り方を見れば、
すぐに作りたくなること間違いなし!!
この料理には
動画があります。

chapter

5 日本の豊かな食材が創作料理のインスピレーション

僕の料理をおいしいと言ってくれる方々から、食材について聞かれることがよくあります。「どこか特別な場所から仕入れているのですか?」、と。そんなことはありません。僕は『Onggi』がある西荻窪という街とこの町の人々が大好きで、野菜も肉も魚介も近所の商店街のお店から仕入れています。

僕から見ると、日本の食材は四季が豊か。生産者も流通も小売店も、関わる人みんなが日本の季節と食材の旬、それに鮮度をとても大切にしていて、特別こだわらなくても本当に質のいいものがそろいます。

こうした日本の豊かな食材こそが、僕の創作料理のインスピレーションの源。例えば春にホタルイカと菜の花が入ったら、「和食では酢味噌を合わせるだろうな」と、まず考える。でも、今日は少し初夏の陽気だから、唐辛子と果物をおろしたソースで釜山名物のムルフェにしたら……と。

夏の暑い日、韓国だとドラマなどでも登場するヨルム(大根葉のしゃきしゃきしたキムチ)がよく食べられます。でも、日本のやわらかな青菜を使うなら、塩もみをせずにそのままヤンニョムとあえたらおいしそう……など。日本の旬の食材と出会うとき、まだ誰も食べたことのない韓国料理、僕がひそかに《オルタナティブコリアン》と呼んでいる、季節感たっぷりの新しい韓国料理のアイデアが無限に湧いてくるのです。

食材がよいのですから、調味料もそれを生かすシンプルなものに。化学調味料は用いず、できるだけ天然の材料で、やさしく丁寧に素材の持ち味を引き出したい。また、これもよく聞かれるのですが、調味料まですべて手作りしているなんてことはありません。

僕の場合、塩は韓国の天日塩を気に入って使っていますが、醤油と砂糖、日本酒、昆布などのほとんどが日本で普通に手に入るもの。これに味噌やコチュジャンなどのお気に入りを買いおいておけば、家庭でも特別な準備などなくて大丈夫。シンプルに美しく。気軽で自由に。韓国料理の世界で日本の四季を楽しんでみましょう。

바지락 칼국수《バジラック・カルックス》

春

あさりうどん

春は貝が美味い。あっさりの中に深い旨みあり

材料（2人分）

あさり（砂ぬき）…200g
ニンジン…1/8本（約25g）
ズッキーニ…1/6本（約35g）
玉ネギ…1/10個（約20g）
魚醤…小さじ1
淡口醤油…小さじ1
※出汁…1ℓ（※p45参照）
カルグクス麺…2玉

1 ニンジン、ズッキーニは千切り、玉ネギは薄切りにする。
2 鍋に出汁と1を入れて沸騰させる。
3 沸いたら、カルグクス麺の粉を落として、3分茹でる。
4 あさりを入れ、2分ほど煮たら魚醤、淡口醤油で味をととのえる。

가자미조림《ガジャミ・チョリム》

カレイの辛いスープ

最小限の唐辛子で、食べ疲れない旨辛

材料（2人分）

ナメタカレイ（切り身）…400g
ダイコン…1/10本（約100g）
長ネギ…1/3本（約30g）
春菊…適量
にんにく（すりおろし）…1片
淡口醤油…大さじ1 1/3
唐辛子…10g
塩…小さじ1 1/4
※出汁…300mℓ（※p45参照）
米のとぎ汁…300mℓ

1 カレイは軽く洗い、水気を拭き取る。
2 ダイコンは5㎜くらいの半月切り、長ネギは1㎝くらいのナナメ切りにする。
3 鍋に2のダイコンを敷き、出汁、米のとぎ汁を入れて火をつける。
4 中火で沸騰させたら、1、塩、淡口醤油を入れ、5分ほど煮る。
5 2の長ネギ、にんにく、ナナメ切りの唐辛子を入れ、さらに2分ほど煮る。
6 火を止め、春菊を入れたらフタをして3分ほど蒸らす。

夏

물회《ムルフェ》

漁師めしから生まれ、今や夏の定番料理

韓国風 魚介の刺身

材料（2人分）

真鯛、タコ、ヤリイカ、エビ、ホタテなど
※お好みの刺身用魚介を、それぞれ適量
キャベツ、ダイコン、ニンジン、キュウリなど
※お好みの野菜を、それぞれ適量
豆腐そうめん…適量
★ムルフェソース…適量

1 真鯛とタコは厚めのそぎ切り、ヤリイカは1cmくらいの短冊状に切る。
2 エビとホタテは食べやすい大きさに切っておく。
3 キャベツは千切り、ダイコン、ニンジン、キュウリは細切りにする。
4 魚介、野菜、豆腐そうめんを皿に盛り付け、冷蔵庫で冷やしたムルフェソースをかける。

KAN's point
梨がない場合は、リンゴの分量を増やして作ってみてください

★ムルフェソース
・梨…1/2個
・リンゴ…1個
・玉ネギ…1/2個
・にんにく…1片
・レモン…1/2個
・コチュジャン…50g
・酢…大さじ5
・砂糖…大さじ3弱
・粉唐辛子…20g
・水…140mℓ

1 梨、リンゴ、玉ネギ、にんにくはすりおろし、レモンは搾る。
2 その他の材料と1を砂糖が溶けるまで混ぜる。（一晩、冷蔵庫で寝かせると味がなじみます）

비빔냉면《ビビン・ネンミョン》

ビビン麺

冷麺とはひと味違う、夏が似合うまぜそば

材料（2人分）

※白菜キムチ…適量（※p31参照）
※牛肉（ホホ肉）…20g（※p51参照）
錦糸玉子…適量
キュウリ…適量
韓国冷麺…2玉（約320g）
※ビビン麺ソース…150g（※p53参照）

1. 白菜キムチはみじん切り、キュウリは千切りにする。
2. 韓国冷麺は表示時間通りに茹で、氷水で締める。
3. 水をよく切った2、ビビン麺ソース、1、その他の具材を盛りつける。

秋

전복죽《ジョンボク・ジュク》

アワビのお粥

上品な磯の旨味が胃袋と舌を満足させる

カンくん直伝の作り方を見れば、すぐに作りたくなること間違いなし!!

この料理には動画があります。

材料（2人分）

アワビ…2個（約160g）
もち米…80g
うるち米…40g
玉ネギ…1/4個（約50g）
青のり…適量
白ゴマ…適量
魚醤…小さじ1/3
※出汁…720㎖（※p45参照）
ゴマ油…適量

1 アワビはよく水洗いし、ナイフなどを使って殻をはずす。

2 1の表面の汚れを歯ブラシなどで丁寧に洗い、肝は別に取っておく。

3 もち米、うるち米を研ぎ、30分ほど水に浸けておく。よく水を切ってボウルに移し、肝をハサミなどで切りながら混ぜる。

4 深めのフライパンにゴマ油をひき、粗みじん切りの玉ネギを炒めたら、3を加え、中火で炒める。

5 別鍋に出汁を張り、2の身を入れて弱火で温める。

6 温まった出汁を何回かに分けて少しずつ加え、ゴマ油も足しながらゆっくりと混ぜていく。

7 鍋底から返すように炒め、焦げつかないように全体を乳化させて、好みの硬さまで火が通ったら、魚醤で味をととのえる。

8 スライスしたアワビの身と一緒に皿に盛ったら、青のりと白ゴマをのせる。

콩나물밥《コンナムル・パッ》

大豆もやしの炊き込みごはん

フタを開ければ、そこは韓国料理屋の香り

材料　（2人分）

大豆もやし…100g
豚肉（ひき肉）…50g
しいたけ…2個（約10g）
うるち米…1合（約150g）
水…210ml
砂糖…小さじ1/3
醤油…大さじ1/2
コショウ…適量
サラダ油…適量
★醤油ダレ…適量

1 米を研いで、水に浸しておく。（30分程度）
2 豚肉と薄切りのしいたけに醤油、砂糖、コショウをもみ込み、10分ほどおく。
3 サラダ油をひいたフライパンで2を炒める。
4 土鍋のようにしっかりとフタのできる鍋に水を切った1を入れ、ごはんを炊く。（中強火で沸騰させる）
5 沸騰したら中火にして、洗った大豆もやしを入れ、さらに5分。
6 弱火にして2を入れたら、火を止め、7分蒸らす。
7 合わせておいた醤油ダレを入れ、よく混ぜ合わせる。

★醤油ダレ
・醤油…大さじ2 1/2
・一味唐辛子…小さじ2
・白ゴマ（すりゴマ）…小さじ2
・万能ネギ（小口切り）…適量
・ゴマ油…大さじ1

서울식 불고기《ソウルシキ・プルコギ》

冬

ソウル式プルコギ

煮干しの出汁と牛肉の出汁のマリアージュでおいしさ倍増

出汁の味を楽しみながらいただいてほしい一品。煮込み過ぎ注意です！

KAN's point

材料 （2人分）

牛肉（肩ロース 薄切り）… 220g
玉ネギ … 1/2個（約100g）
キノコ ※お好みで数種類を適量
※出汁… 220ml（※p45参照）
※カルビソース… 100ml（※p18参照）

1 牛肉を食べやすい大きさに切り、プルコギのタレに漬け込む（30分程度）。

2 玉ネギは1cmくらいの薄切りにする。

3 フライパンに2を敷き、その上に1、キノコをのせたら出汁を張り、中火で煮る。

4 炒め煮のように煮詰めていき、牛肉に火が通ったら、できあがり。

북어국《ブゴ・グック》

タラのスープ

ふわふわに仕上がる干し鱈で二日酔いも撃退

材料（2人分）

干し鱈（韓国産）…20g

卵…1個

魚醤…小さじ1/3

※出汁…300mℓ（※p45参照）

1. 干し鱈は食べやすい大きさにちぎり、溶き卵にあえておく。
2. 深めの鍋に出汁を張り、沸騰させる。
3. 沸いた鍋にひと切れずつ鱈を入れ、魚醤で味をととのえる。

干し鱈を1時間ほど溶き卵に漬け込んでおくと、さらにふんわり柔らかな仕上がりになりますよ

chapter

6

お酒と料理が出会うと幸福度が高まる

食べることが大好きな僕の人生には、お酒は欠かすことができないものです。韓国のお酒といえばマッコリがよく知られていますが、マッコリのアルコール度数はビールより少し高い程度。畑仕事が終わったあと、パッと飲むのに水よりもおいしい、身体にスッとしみわたる、そんな存在として古くから愛されているお酒のひとつです。

お酒というのはまず飲むシチュエーションによって選びたいところ。そして合わせる料理との相性でも、幸福度をうんと高めてくれる気がしています。「今日はどんな一日だったか」、「何を食べるか」でカップリングを考えて飲むのが好きですね。

Ｏｎｇｇｉでは日本製のマッコリ、日本と韓国ビール、韓国焼酎いろいろ、それにナチュールワインを中心にとりそろえています。日本での生活が長くなるにつれ、僕のなかにも日本のみなさんがいう「とりあえずビール！」の感覚が生まれつつありますが（笑）、料理のことを考えると最初の一杯はマッコリや焼酎のソーダ割りなどがオススメ。あとはイタリアのテロワールたっぷりのナチュールワインで、ゆったり楽しんでみてはいかがでしょう。

韓国ではお茶を飲む習慣があまりないのですが、日本のお茶の文化はすごく深遠ですよね。僕は西荻窪のお茶屋さんで静岡産のこだわり烏龍茶と出会ったことで、お茶の世界の楽しみも知りました。Ｏｎｇｇｉではこの半発酵の烏龍茶、ザクロを使った紅酢ソーダ、山梨のクラフトジンジャーエールなどノンアルコールドリンクもご用意しています。カップリングを楽しむのはお酒好きだけの特権ではありません。お酒を飲めない・飲まない人も、ここぞという一杯の世界を楽しんでほしいですね。

청정라거-테라
TERRA

カンさんのカップリング

ビール

『テラ [terra]』

近年、韓国で高いシェア率を獲得し、2023年から日本でも正式発売されたラガービール。アルコール度数は低めで、軽くて甘みもあり、まるで炭酸水のようにすっきりとした味わい。味自体は強くないので晩酌にちょうど良いです。

今日は定休日……とはいっても、
雑務や仕込みのために午後出勤。
あれもこれもと仕事をしていたら、
いつの間にか外は夕暮れ、たそがれ時。
新作の味見も兼ねて、
ちょっとビールを1本だけ――
喉の渇きを癒してくれる
冷えたシュワシュワに合わせるのは、
お気に入りの2品です。

진미채무침《ジンミチェ・ムチム》

サキイカのあえもの

장조림《ジャンジョリム》

ジャンジョリム

（豚ヒレ肉の煮付け）

カンさんのカップリング

マッコリ

말고기육회《マルゴギ・ユッケ》

馬肉ユッケ

たまには友人とゆっくり、たっぷり
飲みたい日ってありますよね。
そんな時は、差し向かいで
韓国の伝統酒《マッコリ》を心ゆくまで……
僕は、「馬肉ユッケ」と「豆腐キムチ」を
チビチビとつまみながら
昔話に花を咲かせて酌み交わす時間が
最高に好きです。

『活性酵母　韓さん生まっこり』

山梨で醸造される〈まっこり〉は、火入れを行わないままお店まで届きます。発酵により自然に作られた炭酸がピリッとさわやかな味で、通称〝大人（オトナ）の牛乳〟と呼んでいます。

두부김치《トォブ・キンチ》

豆腐キムチ

カンさんのカップリング

ワイン

김부각《キン・ブガック》

韓国のり天

골뱅이 간장무침《ゴルベンイ・ガンジャンムチム》

ツブ貝の醤油ダレかけ

『Costa di La' / コスタ・ディ・ラ』
＜通称〝ぐるぐる〟イタリア・ヴェネト州＞

僕を自然派ワインの世界に導いてくれた1本です。澱引きをせず、伝統的方式にて造られたプロセッコ。二次発酵を担った酵母は瓶底に沈殿した状態で留まり、プロセッコに更なるアロマを加えます。この発酵からのアロマがまた韓国料理とも良く合いますよ。自然派ワインの世界は、[すべては自然に左右される]という、私の世界観とも一致します。

今夜のお客さんは、今日が誕生日だそうで
「何か美味しいワインが飲みたい!」らしい。
そうときたら、僕のオススメは
〝ぐるぐる〟で決まり!
アロマをしっかり感じてほしいから、
酒肴は「ツブ貝」と「韓国のり天」で軽めに。
彼女があまりに美味しそうに飲むものだから、
つい言いそびれてしまったけど
「ハッピーバースデー!!!」

カンさんのカップリング

烏龍茶

今日は、仕事で知り合った
女性ライターが訪ねてきた。
汗をぬぐう仕草を見て、
「最高気温は35℃を超える予想です」の
ニュースを思い出した。
確か、彼女はお酒が苦手だったな……
それならば、仕事の合間のティータイムだ。
キンキンに冷えた烏龍茶には
Onggi手作りのスウィーツがいいんですよ。

곶감말이《ゴッガム・マルイ》

干し柿のクルミ包み

KAN's point

慣れてきたら、写真のようにいろいろなカタチにも挑戦してみて！

『静岡の半発酵烏龍茶』

香ばしさの奥にあるフルーティーさが楽しめます。お食事にも合わせやすく、煎茶とも一般的な烏龍茶ともひと味違います。若い頃、韓国のお寺でお坊さんに淹れてもらった味わいを静岡の半発酵茶で見つけました。もちろん、お店の料理にも相性抜群です。

KAN's point
えごまペーストは固いので、根気よく、クラッカーを割らないように!

들깨잼크래커《ドルケ・クラッカー》

えごまクラッカー

サキイカのあえもの

材料　（2人分）

サキイカ…80g
コチュジャン…60g
砂糖…小さじ4
梅シロップ（韓国産）…小さじ1
サラダ油…大さじ1

1 サキイカを3㎝くらいに切る。
2 サラダ油をひいたフライパンにコチュジャン、砂糖、梅シロップを入れ、混ぜながら沸騰させる。
3 トロミが出てきたら火を止めて、1を入れ、全体をあえる。

ジャンジョリム
（豚ヒレ肉の煮付け）

材料　（2人分）

豚肉（ヒレ肉　ブロック）…200㎖
うずらの卵（茹で）…10個　黒コショウ…少々
ししとう…10本　タカノツメ…2本
醤油…100㎖　ローリエ…1枚
砂糖…大さじ2 2/3　水…600㎖
黒コショウ（ホール）…3個

1 鍋に水を張り、豚肉、黒コショウ（ホール）、タカノツメ、ローリエを入れて20分ほど茹でる。
2 1の豚肉を取り出して、繊維に沿って垂直に3等分にし、食べやすい大きさに割く。
3 2を別の鍋に移し、アクを取った茹で汁、醤油、砂糖、黒コショウを入れ、40分ほど煮る。
4 うずらの卵を入れ、10分経ったらししとうを入れて、さらに5分ほど煮る。
5 しっかり冷まし、皿に盛ったら、できあがり。

馬肉ユッケ

材料　（2人分）

馬肉（刺身用〈冷凍〉）…100g
長ネギ…適量　コショウ…適量
ゴマ油…適量　★甘醤油ソース…30㎖

1 半解凍した馬肉を5㎜くらいの細切りにする。
2 ボウルに1、みじん切りにした長ネギ、甘醤油ソースを入れ、軽くもみ込む。
3 皿に盛り、ゴマ油、コショウをかける。

★甘醤油ソース
・リンゴ…1/6個（約50g）
・にんにく…少々　・みりん…大さじ1
・しょうが…少々　・白ワイン…大さじ2 1/2
・長ネギ…少々　・水……大さじ2 1/2
・レモン…少々　・水あめ…20g
・醤油120㎖　・砂糖…60g

1 リンゴは薄切り、長ネギはナナメ切り、にんにくは潰す。
2 鍋にレモン以外の材料をすべて入れ、沸騰したら火を止め、しっかりと冷ます。
3 ザルで濾し、レモンの搾り汁を入れたら、できあがり。

豆腐キムチ

材料　（2人分）

木綿豆腐…1丁
豚肉（バラ焼肉用）…100g
※白菜キムチ…150g（※p31参照）
サラダ油…適量

1 豆腐は縦半分に切り、1㎝幅に切り揃えたら、湯通しする。
2 フライパンにサラダ油をひき、ひと口大に切った豚肉を炒める。
3 豚肉に5割程度、火が通ったら、白菜キムチを入れ、白菜がしんなりするまで炒める。
4 皿に豆腐を盛り、上から3をのせる。

材料（2人分）

焼き海苔…1帖（2枚）　塩…適量
ライスペーパー…4枚　水…適量
白ゴマ…適量　サラダ油…適量

1 ライスペーパーを水にくぐらせ、焼き海苔に貼り付けて、白ゴマをふる。
2 1枚ずつ平たい皿にのせ、電子レンジにかけて乾燥させる。（500W、30秒）
3 5cm角くらいに切り分ける。
4 フライパンに1cmくらいのサラダ油を入れ、ライスペーパーの面を下にして、170℃で5秒ほど揚げる。
5 皿に盛り、塩をかければ、できあがり。

材料（2人分）

ツブ貝（刺身用スライス）…35g
玉ネギ…適量
★醤油ダレ…小さじ2

1 玉ネギを薄くスライスして、水にさらしておく。
2 皿にツブ貝を並べて、醤油ダレをかける。

★醤油ダレ
・醤油…小さじ1　・ゴマ油…小さじ1/3
・粉唐辛子…少々　・水…小さじ1
・水あめ…4g
・にんにく（すりおろし）…少々
・万能ネギ（小口切り）…少々

1 すべてをよく混ぜ合わせれば、できあがり。

材料（2人分）

五穀クラッカー…8枚
★えごまペースト…60g（1個あたり約15g）

1 えごまペーストをクラッカーにぬり、サンドする。

★えごまペースト
・えごま粉…25g
・はちみつ…35g

1 材料をよく混ぜ合わせれば、できあがり。

材料（2人分）

干し柿…2個
クルミ…8個

1 干し柿はヘタを取り、縦半分に切る。
2 種を取り、少し広げた干し柿の端にクルミを並べる。
3 クルミを巻き込むように棒状にカタチを整える。
4 食べやすい大きさの輪切りにする。

WILKINSON

おわりに

　昨年、僕は久しぶりに生まれ育った韓国をゆったりと旅してきました。題して〈温故知新の旅〉。「僕がまだ日本に出会う前、20歳のころに食べていたのはどんな料理だっただろう？」「この15年あまりで自分の舌はどう変わっただろう？」、そんなことを考えて、今いちど原点を確かめるような、そんな旅をしてみたいと思ったのです。

　そこで感じたのは、幼いころに食べ慣れた母の手料理、そして地元・釜山の伝統の食文化が僕の根幹に流れているということ。加工品や添加物をあまり使わず、基本に忠実に、シンプルに。日本でもそうですが、この旅でおいしいと感じた韓国料理もまさにそうしたもののなかにありました。

　それと同時に、日本の食材は世界のどこと比べても、なんて上質でおいしいのだろうということにあらためて気づかされました。

　《日本と韓国の食文化を融合させた創作料理＝オルタナティブコリアン》を志し、その第一世代を自認して走り続けている僕ですが、今の料理がマスターピースというわけではありません。変動しつづける社会のなかで、ときに肩の力を抜いて、自然体で。変化を楽しみながら、これからも料理でたくさんの人を笑顔にできたらと願っています。

カン・グヌ（강 근우 姜 瑾佑）

１９８１年、韓国・南海で生まれる。音楽に興味を持ち、釜山芸術大学実用音楽学科に進学。２００１年、《徴兵制度》により入隊。調理兵に配属され、料理と出会う。２００９年、音楽関係の仕事に就くため来日。就職活動と並行して、さまざまなアルバイトを経験する中で、「日本の料理」「日本の食材」に衝撃を受け、料理人の道へと進んだ。２０１６年、東京・西荻窪で韓国家庭料理『Ｏｎｇｇｉ』を開店。地元の人たちによって瞬く間に人気となり、現在では〈予約が取れない〉韓国料理店として、多くの常連客を魅了し続けている。

企画／石原正康

撮影／市瀬真以

スタイリング・ブックデザイン／久保多佳子（haruharu）

コラムライティング／佐藤史子

撮影協力／西荻窪『Ｏｎｇｇｉ』
（カン・グヌ、キム・ユンア、チェ・ユン）

編集／髙松千比己（幻冬舎コミックス）

予約の取れない人気韓国料理店 西荻窪「Ｏｎｇｇｉ」カンくん直伝

プデごはん

元・調理兵が教えてくれる本格韓国料理

２０２４年７月31日　第１刷発行

著　者　カン・グヌ

発行人　石原正康

発行元　株式会社 幻冬舎コミックス
〒１５１‐００５１ 東京都渋谷区千駄ヶ谷４‐９‐７
電話 ０３（５４１１）６４３１（編集）

発売元　株式会社 幻冬舎
〒１５１‐００５１ 東京都渋谷区千駄ヶ谷４‐９‐７
電話 ０３（５４１１）６２２２（営業）

振　替　００１２０‐８‐７６７６４３

印刷・製本所　ＴＯＰＰＡＮクロレ株式会社

検印廃止

ISBN978-4-344-85431-4　C0077　Printed in Japan
幻冬舎コミックスホームページ　https://www.gentosha-comics.net